KB161095

오줌폭탄

오줌 폭탄
김정희 동시집 | 백금아 그림
한그루

오줌폭탄이 웃음폭탄으로 터지는 날

2012년에 《오줌폭탄》이 나왔는데 아직 만나지 못한 친구들을 위해서 새 단장을 하고 나오게 되었네요.

여러분, 감사합니다.

오줌폭탄은 이제 책뿐만 아니라 동시 책방 이름이 되었어요. 내 고향 함덕에 동시 책방을 열었어요. 오줌폭탄에서 동시도 짓고 동시도 팔아요. 오줌폭탄 간판을 달았더니 찾아오는 사람들마다 궁금해하지요. 왜 오줌폭탄이냐고요. 그럼 이 동시집 이야기를 들려주지요. 오줌폭탄에는 내 어릴 적 이야기들이 많이 들어있어요. 응원해주세요.

저도 작은 풀잎, 들꽃, 개미, 느린 달팽이, 그리고 아이들에게 응원을 보내요. 자란다는 것은 몸뿐만이 아니라 천천히 마음이 자라는 것이거든요. 그러면 지켜봐주고 응원해주어야 할 것 같아요. 힘이 없는 것들을 소중히 생각하는 마음, 아껴주는 마음이 생겨난다면 세상은 아름다울 것 같아요.

가만히 어릴 적을 떠올려보면 참 많은 일들이 있었지요. 저는 아껴주는 마음을 많이 알면서 자랐어요. 많이 뛰어 놀기도 했지만 언니 오빠들이 학교에서 오지 않으면 가만히 마당 구석구석 작은 채송화를 살펴봐주고 말을 걸었던 것 같아요. 많이 위로가 되었을까요? 나는 잘 웃는 아

이가 되었어요. 그런데 가끔씩 어른들은 어릴 적 마음을 다 까먹는 것 같아요. 아이들 마음을 몰라줄 때가 많은 걸 보면요. 가끔씩 속상한 일도 있었지만 행복했던 것 같아요. 여러분도 언제 웃었을까 생각해보세요. 작은 것에 기뻐하고 웃을 수 있는 건 나를 행복하게 하는 것 같아요.

여러분도 작은 행복을 찾아보세요. 동시를 읽어보면 작은 행복들이 막 마음으로 들어와요. 동시 속에는 아름다운 어린 마음들이 많이 들어 있기 때문이에요.

참 할 말 많은 내 어린 시절입니다. 바닷가 옆에 살던 내 어린 시절에는 그림 같은 함덕이 나를 키우고 있었지요. 이 모든 어린 시절을 이 동시집에 담았습니다. 어른이 되어도 아이처럼 생각하고 아이처럼 살려고 합니다. 아이의 눈으로 세상을 봅니다.

비 온 다음 날 거미의 구슬궁전처럼 내 마음에도 언제나 구슬궁전을 짓고 산답니다.

2019년 봄

동시 책방 오줌폭탄에서 **김정희**

| 차례 |

제1부 성질 급한 봄

제2부 가을 청소부

제3부 버스 타고 가는 비둘기

제4부 오줌폭탄

제5부 난, 3등

제6부 눈치 없는 방귀

제7부 도세기와 한판

제1부

성질 급한 봄

봄

할아버지
봄비 온 다음
마당 구석 돌 틈으로
들썩들썩 올라오는
잡초를 뽑고 있다.

아기는
호미 장단에 맞추어
엉덩이를 들썩들썩거리고

할아버지
흙 만진다고
아기를 돌담에 올려놓고
잡초를 뽑으시고

아기는
내려달라
잉잉거리며
발을 동동거린다.

성질 급한 봄

봄은 성질도 급해
새잎 돋기도 전에
꽃부터 피우네.

봄은 성질도 급해
꽃잎 지기도 전에
봄바람을 보내어
꽃잎 날려 보내고

성질 급한 봄
여름이 오기도 전에
소매 걷어 올려
연둣빛 새잎
초록 잎으로
열심히 칠해놓는다.

목련

숨을 곳을 찾다가
정신없이 나무로 올라가
"나 잡아봐라"
빼꼼!
고개 내미는 팝콘

해마다 봄이 오면
장난기가 피어나요.
가지마다 봄을 터뜨려요.

키 작은 채송화

작년에 핀 채송화
올해도 잊지 않고
땅을 열고 나왔다.

비 오기 기다려
마당 구석에
무지개처럼 피었다.

모래알 같은 작은 꽃씨
빗물에 쓸려 내려갈까
조마조마

꽃잎에 숨어있다
몰래몰래
뿌리 내리려
숨도 크게 못 쉬어
그렇게 키가 작은 거지.

꽃 학교

벌이
붕붕
꽃밭학교로 와서
이리 붕붕 저리 붕붕

봄이 온 지
한참이나 지났는데
아직도
반을 못 찾았나 봐.
이리 기웃 저리 기웃

선생님 헛기침 소리에
붕붕붕
딴청부리다
철쭉꽃밭에
스리슬쩍
앉았다.

물 미나리

연둣빛 아른아른
차가운 무논 속에서 살던 미나리
아직 아파트가 낯선가 보다.

부끄러운지 고개를 숙이면
'큰일이다.'
손가락 온도 재어보고
찬물을 갈아주고
싸한 물이 올라오는 소리
귀 기울여 들어 본다.

물 위에
잎도 둥둥
뿌리도 둥둥
떠다니지만, 며칠이면
제자리 찾아가겠지

"괜찮아. 우리 집이라고 생각해."

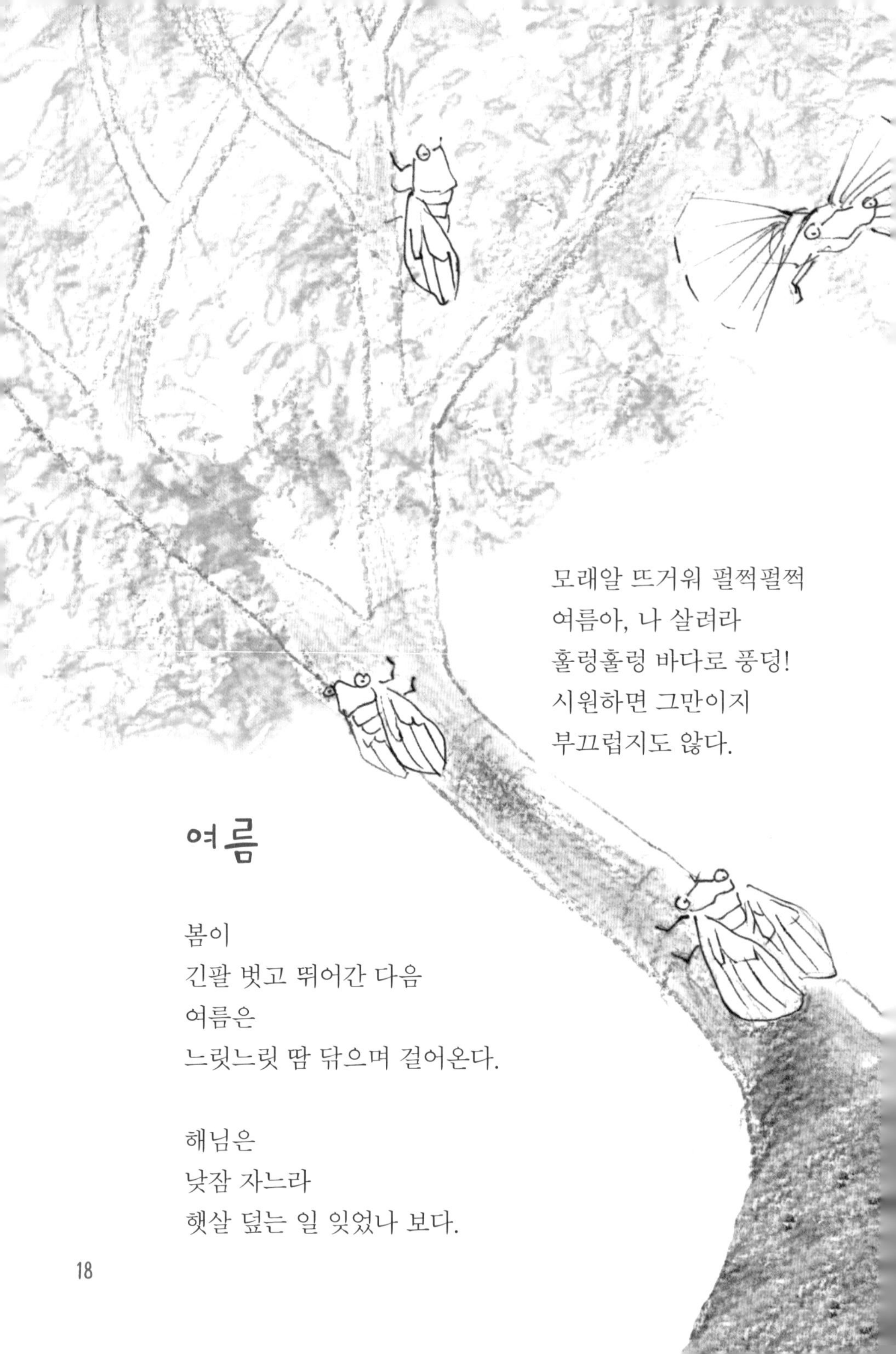

모래알 뜨거워 펄쩍펄쩍
여름아, 나 살려라
훌렁훌렁 바다로 풍덩!
시원하면 그만이지
부끄럽지도 않다.

여름

봄이
긴팔 벗고 뛰어간 다음
여름은
느릿느릿 땀 닦으며 걸어온다.

해님은
낮잠 자느라
햇살 덮는 일 잊었나 보다.

여름장마
대문 열고 찾아오면
바빠진 개미가족
비는 쉬지 않고
하루 종일 주룩주룩

시원한 수박
쩍 갈라놓으면
여름이 쑤욱 뒷걸음친다.

엄마 파마머리 같은 나무 속에서도
매미가 덥다고 맴맴매에엠

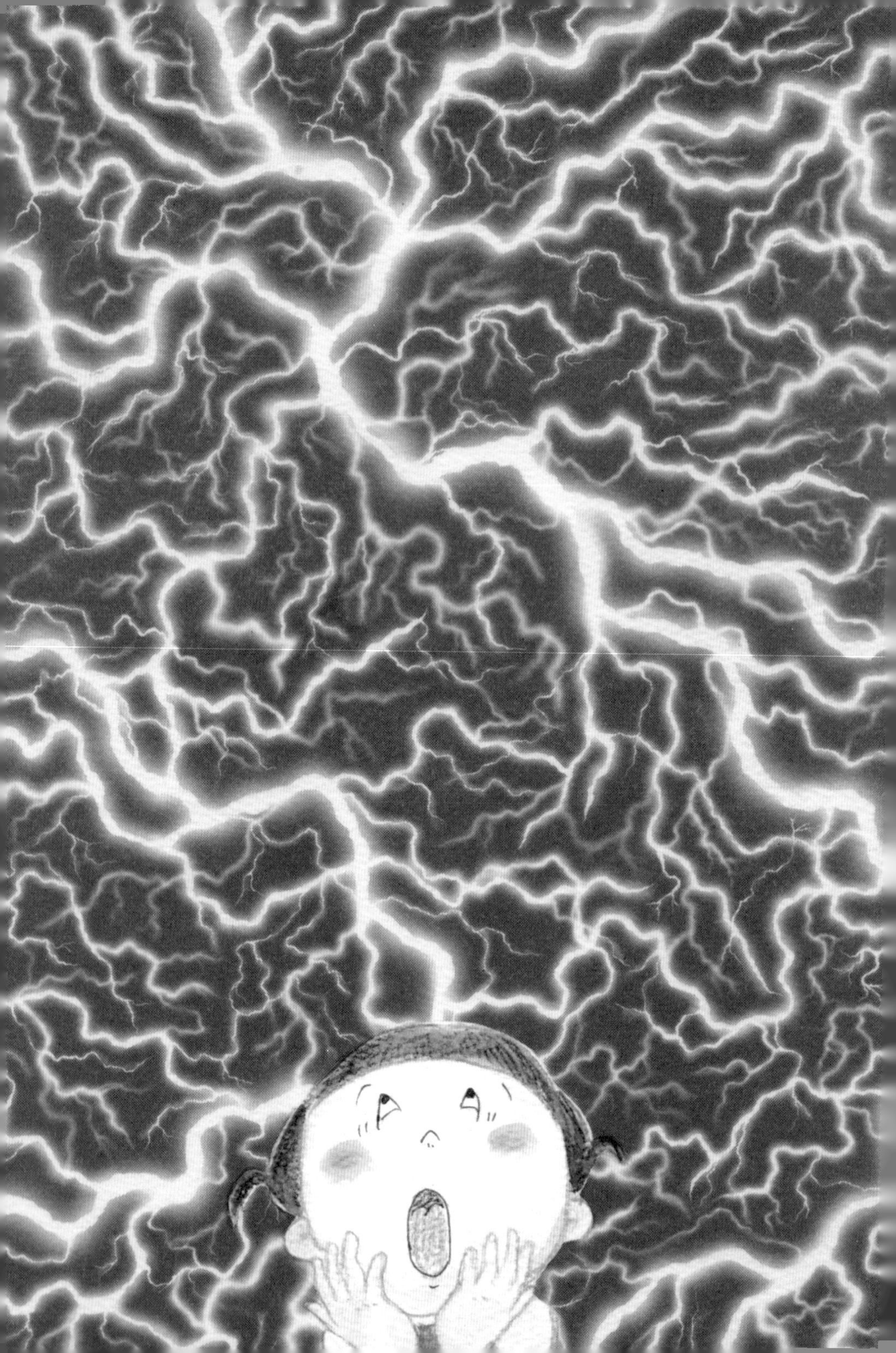

태풍

여름 햇살이 뜨거워지면
기별도 없이
비가 온다.
단단히 삐졌는지
올 때마다 툴툴거린다.

하늘에서
땅으로 내려오는 길
멀고 어둡다고
번개를 번쩍번쩍

하늘에서
땅으로 내려오느라
힘들다고
으르릉 쾅쾅

놀러 온다 할 때마다
조마조마해진다.

나리

태풍 나리가 다녀간 후
하천이 메워진 도로에는
빨간 금지 탑이 세워지고
차들도 다른 길로 돌아간다.

어머니 태어나서
이런 일 처음이라 한다.
할머니 사라호 태풍보다
더 센 놈이라 한다.

나리
이름은 예쁜데
마음씨는 안 좋은가 보다.

* **나리** _ 2007년 9월 16일 제주도를 강타하고 간 제11호 태풍 이름

장마

여름 장마 찾아오면
비는 쉬지 않고
하루 종일 주룩주룩

처마 밑
패인 곳마다 퐁퐁
물 구슬 터지는 소리

담장 밑
개미 네는 어떡해.

축축한 집 안 일에
엄마만 바빠진다.

빗방울

빗방울들이
하늘에서
숨바꼭질하다가

마당으로
뚝
떨어지면

어디로 숨을까
보글보글거리다가
끼리끼리 모여
웅성웅성거리는데

으르르
쾅
술래의
고함소리에

깜짝이야
퐁퐁
터뜨리며 도랑으로 숨는다.

해바라기

공항 가는 길
해바라기 피었습니다.
누굴 마중 나왔는지
누굴 배웅 나왔는지
노란 꽃잎 흔들며 손짓합니다.
이리 기웃 저리 기웃
목을 길게 늘이고
하늘을 올려 봅니다.

만국기 동산에
해바라기 피었습니다.
무슨 회의가 길어지는지
서로 머리 맞대고
펄럭펄럭 의논이 한창입니다.
웅성웅성
서로 눈치 보느라 바쁩니다.

사거리 신호등 앞에
고흐의 해바라기
오랜만에 밖으로 나온 듯 웃고 있습니다.
언뜻 시원한 바람 불더니
신호등 켜졌습니다.
여름이 질세라 달려 나옵니다.

비 오는 날

비 오는 날 소금쟁이
비 맞으며
연못에서 원을 그리며 논다.

비 오는 날 아이들은
비 맞으며
물웅덩이에서 첨벙첨벙

아이들은 신이 나서 뛰고
어른들은 비 맞지 않으려고 뛰어간다.

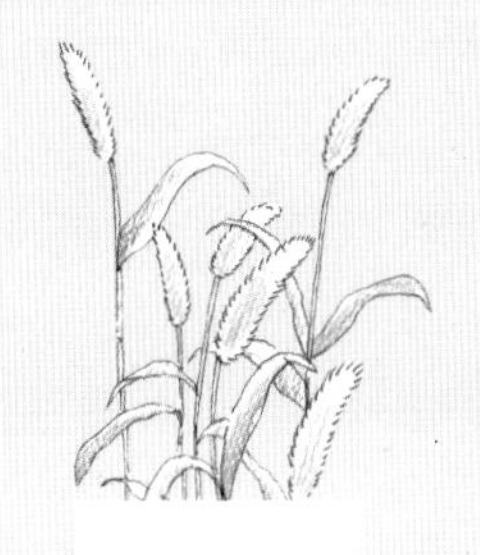

제2부

가을청소부

가을 이야기

바람하고 무슨
할 이야기가 많은지

흔들흔들 억새도
수군수군

한들한들
가을 옷 갈아입은 강아지풀도
소곤소곤

살랑살랑 들국화도
재조잘 재조잘

가을 나무에서
떨어져 나온 가랑잎도
가랑가랑 할 말 있다고
길 건너 뛰어 온다.

늦가을 아침

늦가을 아침
햇살이 늦잠을 자나 봐요.

햇살이 깨워주지 않아
아직도
늦잠 자는 들국화

억새풀도
좀 전에 일어나
간질간질 눈 비비고

가랑잎 할머니도
팔랑팔랑 바람과
길 따라 아침 운동가는데

모두 떠나는 길가에
이제야
들국화 기지개 켜고 일어나요.

가을 청소부

여름 동안 찍어 놓은 발걸음도
쓸어 담아요.

가을에

바람이 기웃거려요.
햇살을 찾으러 돌아다니나 봐요.
숨으려고 해도
햇살이 삐져나와 들키고 말아요.

가을 운동회

넉넉한 해님
과일나무를 향해 뜀박질을 시작했어요.
햇살이 만국기처럼 펄럭이는 운동회
누가 올 가을 많은 햇살을 선물로 받을까.
두리번 두리번
그러다 꼴찌하겠어요.

가을인가요?

길어도 안 돼요.
짧아도 안 돼요.
두꺼워도 안 돼요.
얇아도 안 돼요.

햇살 한 조각
내 맘대로 안 돼요.

산은

겨울이면
백설기 가루 담은
바구니를 들고 온다.

봄이면
꽃을 담아가고

여름이면
잎을 가득 담는다.

가을이면
단풍잎을 담아 간다.

색색이
계절마다 큰 바구니

나무 밑동 마을

오래전에 잘린
나무 밑동에
마을이 생겼다.

민며느리가
산비탈을 가는 버스처럼
아슬아슬하게 달리고

개미는 일손이 부족했던지
동네 개미 모두 나와
바쁘게 일터로 뛰어간다.

멀리서 이사온
나비는 밑동에 자란
노란 꽃에 짐을 풀고 앉아
날개로 부채질을 한다.

자리 잡고 살았던
버섯은
들꽃에게 집을
내줄 준비를 한다.

이제
나무 밑동은
작은 곤충의 마을이 되어
들꽃을 키운다.

나무는 생각해

나무가 비를 맞고 있네.
나무는 비처럼 부서져
바다로 내리고
물고기는 비를 맞지.
나무는 물고기를 생각해.

연못에 구름이 내려앉고
구름에 물고기가 타고 놀지.
구름에 어느새 연못물을
채우고 둥실 떠다니지.

나무는 꽃을 생각해.
가지마다 꽃향기가 아지랑이처럼
아롱아롱 피어나면
가지마다 간지럽다고 춤을 추지.
꽃잎이 날리면 구름은 꽃잎을 담고 가지.

나무는 구름을 생각해.
하늘의 구름은 나무가 되고
나무는 구름 닮은 잎이 되고
구름은 풀잎 한 모종씩 나눠 싣고 가지.

나무는 혼자 생각해.
나무는 하늘을 생각해.
구름은 나무를 휘감고 지나지.

나무는 생각해.
소나무는 솔잎을 풍선처럼 달고
구름은 솔잎을 하나 가득 싣고 떠다니지.

나무는 땅을 생각해.
구름도 땅에 귀를 대고
땅 밑에 씨앗들이 속삭이는 소리 듣고 있어.

겨울 아침

겨울 아침
한눈 팔다 뒤처진 아기 제비

잔뜩 부풀어
하늘을 날아갈 준비를 한다.

입김을 호호 불며
함께 떠날 친구들
기다린다.

가벼운 날개옷은
너무 춥게 보여

어떡하지
남쪽 나라에 가기도 전에
감기에 걸리면

* **제비** _ 제주도의 온난화 영향인지 겨울이 다가와도 강남으로 돌아가지 않는 제비가 보임

눈 나라

눈 오는 날
우리 동네는
눈 나라가 되지요.

설탕처럼 콕 찍어
얼른 입속에 넣으면
사르르 녹아요.

엄마한테
혼날 염려 없는
신나는 눈 장난

눈 오는 날
온 동네는 내 놀이터
히히 웃음만 나와요.

아무도 밟지 않은
밀가루 같은 눈길에
뽀드득뽀드득
발자국을 찍어보세요.
히히 웃음만 나와요.

요술나라 같은
눈 오는 날
금방 도넛 하나
만들어질 것 같아요.

하늘 편지

하늘나라 겨울은
북극인가요?
남극인가요?

눈을 만들어
땅으로 보내려면
쌀과자 기계처럼
엄청 바쁘겠죠?

눈이 많이 오면
정말 신나요.

그래도
너무 많이
내려 보내면

쓸데없다고
엄마가
빗자루로
모두 쓸어버려요.

제3부

버스 타고 가는 비둘기

연꽃과 벌

쉬지 않고 날갯짓하던 벌이
연못을 지나가는 길에
연꽃에게 조심조심 다가와

"잠깐 쉬어 가도 될까요?"

괜찮다고 웃어주는 연꽃

숨바꼭질

봄 햇살 나른한 한 나절
잔디밭에 참새 두 마리 나란히
놀 궁리에 고개질이 한창

들꽃 자리마다
씨를 뿌린 자리마다
얼굴을 묻고
몸으로 부비고

흙을 털어내는 날갯짓에
웃음소리
털털털

살금살금 걷다가
톡톡 뛰다가
꽃씨 이랑으로
쪼르르 뛰어가
콕,
잡았다.
들켰다.
파르르
날아간다.

버스 타고 가는 비둘기

비둘기 한 마리 퍼드득 날아와
버스 지붕에 내려앉는다.
발로 뒤뚱뒤뚱
자리를 잡고 앉는다.

비둘기 녀석
차표를 사지 않아 미안한지
들어오지도 않는다.

아직도
차 지붕에 있을까?
날개도 있으면서
날아가면 되는데
혼자 가기 심심했나?
날개를 다쳐 오래 날지 못하나?

녀석 말을 하지
가는 내내 비둘기가 궁금하다.

토끼풀

찻길 공원 잔디밭에
토끼풀이 모둠으로 피었어요.

하지만 한 번도
토끼들이 찾아오지 않아요.

차들이 쌩쌩 달려요.

길 건널목에 신호등이 없어서
위험하다고
엄마토끼가 가지 말라고 했나 봐요.

토끼풀은 외로워
하얀 달빛 닮은 꽃을 피웠어요.

날치

소풍 나왔다가
시간 가는 줄 모르고 놀던 날치
혼자 너무 멀리와
썰물이 되어
원담 안에 갇히고 말았네.

다른 친구 모두 돌아가고
집으로 가지 못한 날치
날개를 흔들어 손짓해도 어쩔 수 없네.

안절부절
나갈 궁리
빙글빙글
넓은 바다로
가고 싶어
눈물만
뚝뚝

밀물 때면 갈 수 있는데
어려서 아직 모르나 보다.

노루

수목원 산책길에
운동하러 나온
노루
오름 다 오르기 전에
산중턱에
먹음직스러운 검은 머루
한 입 한 입 따먹다
배가 불러
운동은 미루고
큰 눈 말똥말똥
운동 나온 사람들 구경한다.

무슨 일 있니?

큰일 나려고

찻길 건너
고양이가 뛰어간다.

횡단보도가 아닌데

“아기고양이한테 무슨 일 있니?”

바람이랑 숨바꼭질

꼭꼭 숨어라.
바람 불면 멈춰라.
바람이 떠나면
다시 꼭꼭 숨어라.

어디에 숨지.
잎 앞에?
잎 뒤에?
줄기 타고 꼼짝꼼짝

바람 불면 들킬라
두 눈만 깜박깜박
바람이 지나가길
발 한 짝 내놓고 눈치 보는
자벌레.

우리 집 강아지

우리 집 강아지
한 살이 되자
엄마 개처럼 컹컹 짖는다.
덩치는 크지만
아직 마음은 아기여서
가까이 가면 살랑살랑 꼬리 흔들며 안아달라 한다.

우리 아기
한 살이 되자
겨우 걸음마를 한다.
몸은 작지만
엄마 부르며 뒤뚱뒤뚱 넘어질 듯 걸어온다.
할머니
우리 집 강아지하고 안아준다.

까치와 강아지

아이들이 수업 들어가 버린
텅 빈 시골 학교 운동장
강아지가 종종
까치를 뒤쫓고 있네.

귀찮아진 까치
톡톡 걷다가
정글짐 속으로 들어갔다가
안 되겠다 싶어
훌쩍 날았다가
훌쩍 땅에 앉았다가
강아지를 놀린다네.

날개 없는 강아지
쑥스러워 땅만 보며
잘망잘망 개구멍으로 나갈 때

한 시간 마치고 나오는
아이들 소리
운동장 가득 쏟아지네.

제4부

오줌폭탄

문구점

거미의 비밀

쉿!
거미는 곤충이 아니래.

알고 있었니?
거미는 세로줄로만 다닌대.
거미는 거미줄을 칠 때
가로줄에만 끈끈이를 붙여놓고 먹이를 잡는대.
거미란 녀석 참 똑똑하지?

알고 있었니?
거미는 날개가 없대.
날개 대신 스파이더맨처럼
줄을 타고 다니잖아.
멋있지?

너도
비 오는 날
구슬 궁전에 사는
거미를 만나 봐.

얄미운 금붕어

금붕어들은 자기들끼리만 논다.
먹이를 준 나는 본 척도 안 하네.
이제부터 물도 안 갈아줄 거야.
근질근질해지겠지?
다음 날 금붕어는 꼬리를 흔들며 돌아다니지 않네.
미안해!

미안해!

병아리가 밤새 아팠어.
낮에 묽은 똥까지 싸더니
내가 너무 신나게 전쟁놀이를 했어.
미안해!
나도 어젯밤 꿈속에 로봇습격을 받았어.
난 병아리처럼 방 안을 뛰어다니며 피해다녔어.
오줌을 쌌어.

어디 갔지?

학교 가는 길에
돌아오는 길에 아는 체하며
돌랑돌랑 뛰어나와 꼬리를 흔들던
동네 강아지들

며칠째
혼자 날 반긴다.
이상하다.

혹시
저번 오일장에 가서
팔아버린 건 아닐까?

혼자 남은 강아지
친구랑 땅파기 시합하던 모래밭에서
발발발거리며
친구와 놀았던 생각을 꺼내고 있다.

수족관 가오리

아기 가오리 수족관에 있다.
어쩌다 길을 잃고 여기까지 왔을까?
어쩌다 엄마랑 헤어졌을까?

날개를 팔락이며
수족관 유리벽을 잡고
울고 있다.
작은 발을 동동 구르며
엄마를 부른다.

아기 가오리가
여기에 와 있는 줄도 모르고
엄마는 바닷속을
찾아다닐 텐데.

아이들은
처음 보는 가오리
툭툭 치며
자꾸
움직이라 한다.

나비

노란 나비
바람 속으로
노랗게 날아간다.

순간
툭,
꽃가루만 남기고

꽃인가 다가가
꽃을 흔들었다가
일 저지르고 도망가듯
날개 흔들어대며
공중으로 줄행랑친다.

엉겁결에
소나무꽃에 앉았다.
솔잎 사이로 노란 꽃가루
휘리릭
떨어진다.

제비들 운동회

아이들이 집으로 돌아간
학교 운동장에
제비들 운동회가 한창

왕복 달리기도
쓔우웅
바람 가르며 달리기
휭휭
누가 일등 할까

이어 달리기 시작
뒤따라 다른 제비
날쌔게 날아오른다.
누가 일등 할까?

엄마 찾기 게임 시작
여기저기
엄마제비 부르는 소리

어슬어슬 저물 때까지
학교 운동장은
시끌시끌

한판 승부

점심때였지.
혼자 집을 보고 있었어.

언니도 학교에서 오지 않고
심심해서 하품을 하다가
딱 마주쳤어.

담구멍에 삐죽이
얼굴을 내밀고
나를 빤히 보고 있는
생쥐 녀석

사람하고 마주쳐도
도망가지 않고
나를 보고 있지 뭐야.

나도 질세라
눈도 끔쩍 않고 보는데
생쥐 녀석
슬그머니 뒤로 숨더라.

휴~
사실은
쥐가 덤빌까 봐
내가 더 무서웠어.

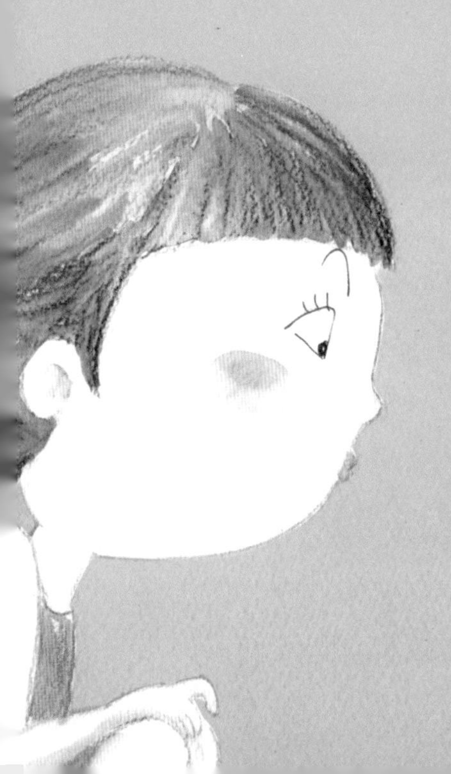

오줌폭탄

거미가 오줌을 누었대.

근데
큰일 났어.

지나가던 지네가
그 오줌폭탄에
혼쭐이 났대.

거미는
그날 이후로
거미줄을 치고
밖으로 나오지 않는대.

그럴 수가 있니.

아무 곳에서나
생각 없는 일 하면
안 돼.

화장실 에티켓

노크도 없이
화장실로 들어온 거미

먼저 와 있는 나를 보고
당황했는지
나가려 해도
다리가 많아 더듬더듬
걸음이 더디다.

스파이더맨처럼
줄을 타고
쪼르르
올라간다.

화장실 에티켓
아무도
가르쳐 주지 않았는지
부끄러워
인사도 없이
어느새
가고 없다.

천하장사

급식실 앞
연못에 사는
두꺼비 한 마리

폭신하고 축축한
이끼 위에 앉아
볼록볼록
시간 가는 줄 모른다.

점심시간 끝났다고
말을 해도
흔들어도

못들은 척

자리를 뺏길까 봐
꿈쩍도 안 해

센 놈이다.

제5부

난, 3등

할아버지의 발가락

할아버지
발가락 없는 신발
언제나 찌그러져 있어요.

내 눈에 안 보이는 발가락
하나둘 세어보며
너털웃음 웃는 할아버지

나라 위해 싸우시다
잃은 발가락
가렵다고 긁는 할아버지

할아버지 발에서
꼼질꼼질
새싹처럼 발가락이
돋아나려나 봐요.

훈장보다 더 좋을
할아버지 발가락
쑥쑥
자랐으면 좋겠어요.

인사

엄마는 전화에 대고
인사를 해요.

"왜, 전화에 인사를 해요?"

고마운 사람에게
만나지 못 해도
볼 수 없어도
고맙다는 말은
지금 해야지.

"네, 고맙습니다."

엄마도, 참.

내 어릴 적

기억나니?
1학년이 되어
처음 학교에 간 날
학교는 산처럼 컸어.

기억나니?
서우봉으로 소풍 가면
보물들은 꼭꼭 숨어서
찾을 수 없었지.
집으로 돌아올 때
바람에 보물지도 날아가더라.

기억나니?
옆집 친구랑 학교 가는 길
길가에 쪼그리고 앉아
돌 틈에서 꼬물꼬물 올라오는 민들레
얼마큼 컸나 보느라
교문 앞에서 기다리던 선생님
"너희들, 지각이다."
우리는 그래도 좋다고 킥킥대며 벌을 섰지.

기억나니?
학교 갔다 오는 길에
한모살은 우리 놀이터였지.
책가방 던져놓고 꽃게 잡는다고
모래를 온통 헤집고 다녔어.
그러다 심심해지면
물놀이에 해가 다 졌지.

잊지 말렴!
내 어릴 적 불러보면 그냥 기분 좋아져.

난, 3등

엄마가 동생을 낳고부터
난 2등이 되었다.
밥 먹을 때도 동생 먼저
나는 그다음

그러다
난, 3등이 되었다.
엄마가 다시 동생을 낳았다.

아기를 안아주고
그다음 동생을 업고
난, 걸어 다녔다.

엄마는
내가 힘들어하는지 모르시나 보다.
그러니까 내가 동생을 업어줄 만큼
크기도 전에 동생 둘을 낳으셨지.

손잡고 가자

동생이랑 손잡고 심부름간다.
동생은 혼자 걸어간다고
자꾸만 누나 팔을 뿌리치고

누나는 동생이 불안해서
걱정되어 자꾸만 손을 잡고
동생은 누나 맘도 모르고

누나는 속이 탄다.
그런 동생이 밉다.
미워 죽겠다.

헷갈려!

낮잠을 잤다.

일어나 보니
8시
후다닥!
"엄마, 지각이다."

가방 메고 신발 신는데
엄마는
"밥은 먹어야지!"

현관문을 열어 보니
밤이다!

어어!
8시 맞는데
등 뒤에서
"흐흣"
엄마 웃고 있다.

건망증 가방

무엇이든 써 놓지 않으면
금방금방 잊어버리는 엄마

텔레비전을 보다
밖으로 나가신 엄마
가방에서 찾아낸 리모컨

운전하고 나가려면
한참 동안 키를 찾느라
안절부절 우리 엄마

내가 한 학년이
올라갈 적마다 커져가는 가방처럼
엄마의 건망증 가방에는
무엇이 더 들어갈까
가방이 무거우면 엄마가 힘들 텐데….

나의 일기

오늘은
수목원 꼭대기까지 가보기로 했어요.
다리가 아파 눈물이 났어요.
맛있게 먹었던 간식의 기쁨이
짜증으로
심통으로 변해갔어요.

내 마음 하나도 모르고
본척만척하는 엄마가 미워서
더 눈물이 났어요.
바닥에 주저앉아
"나, 이대로 살래."
그제야 내려가자는 엄마

돌아오는 길이어서
힘들 게 없지만
웬일인지
기분이 풀리지 않아
아무 말도 못하고
속으로 울었어요.

파마 20,000
드라이 5,000
컷트 6,000

미녀 삼총사

할머니 세 분이
미용실에 앉아 파마를 합니다.

어깨에는 분홍색 수건 하나씩
수건마다 집게 하나씩
나란히 비닐 모자를 쓰고
파마가 잘 나오길 기도합니다.
긴 의자에 머리 맞대고
흐뭇하게 앉아서 기다립니다.

우리 할머니
쪼글쪼글
웃을 때면
부끄러운 새색시가 되어갑니다.

싱거운 어른

어른들도 아이 적 있나 봐요.
하나도 재미없는 얘기하면서
우리처럼 웃어요.

어른들은 우리가 웃고 있으면
싱거운 녀석이라 하지만
어른들도
웃을 때 보면
싱거울 때가 있어요.

아기가 된 아빠

아빠는
텔레비전을 보며 잔다.

아빠가 주무시나 싶어
텔레비전을 끄면

"안 잔다."

아빠는 잠귀도 밝다.
꾸벅꾸벅
다시 잔다.

편하게 자면 되는데
손 베개 하고
웅크리고 잔다.

아기처럼
자다가 깨다가

엄마 오실 때까지
자다가 깨다가

아빠도
아기처럼
엄마 기다린다.

자면서도
엄마 오는 건
잘 안다.

우리아들
사랑해
사랑해
사랑해
…

내 마음 몰라주는 엄마

엄마는 다 아신다.
내가 왜 화가 났는지
그래도 엄마는
내 편 들어주지 않는다.

형이 잘못해도 같이 벌을 주고
내가 잘못해도 같이 벌을 준다.
형은 형 노릇 못 한다고 혼나고
나는 형에게 덤볐다고 혼난다.

엄마 말을 들어보면
맞는 말이지만
엄마는 다 알면서
내 마음 몰라준다.

아침 전쟁

아침마다
이불 속에선 전쟁이 일어난다.

일어나야지 하는 천사와
좀 더 자도 돼 하는 악마가 싸운다.

일어나야지
네(괜찮아)

안 일어나니
네(좀 더 자도 돼)

빨리 일어나야지
네(안 일어나도 돼)

얼른
네(아직 괜찮은데)

쿵!

지각이다

벌떡!

쾌지나 칭칭나네

체험놀이 시간
전통놀이 한창

할아버지를 따라 아이들이 기차놀이를 하네.
쾌지나 칭칭나네
할머니를 따라 아이들이 기차놀이를 하네.
쾌지나 칭칭나네
걸음이 느려서 기차 끝에 아이들 종종종
쾌지나 칭칭나네
친구들 어깨마다 손을 올려놓고
쾌지나 칭칭나네
기차가 돌고 돌아 만나면
뿡!
뿡!
쾌지나 칭칭나네.

뻥튀기 웃음

오일장
뻥튀기 아저씨네 의자에는
빈자리가 없어요.

뻥!
뻥!
신나는 뻥소리

첫 번째 아줌마
얼른 달려가
커다란 비닐 가득
뻥튀기 담고서
얼굴 가득 웃음 흘리고

두 번째 아줌마
일번 자리로 옮겨 앉으며
또 흐뭇한 웃음

오일장에는
시끌벅적한 웃음

뻥!
깜짝이야!

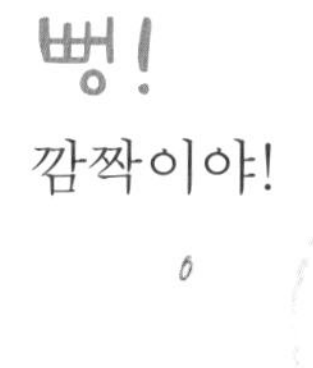

엄마, 생각해 보세요

엄마는
나보고
가만히 있으라고만 해.

-엄마,
움직이라고 팔 다리 있는데
어떻게 가만히만 있으라고 해요.

엄마는
나보고
떠들지 말라고만 해.

-엄마,
입이 있는 걸 보면
말을 하라고 있는 거 아니에요.

엄마도
어릴 적에
몸이 근질근질한 적 없나요?

-엄마,
생각해 보세요.

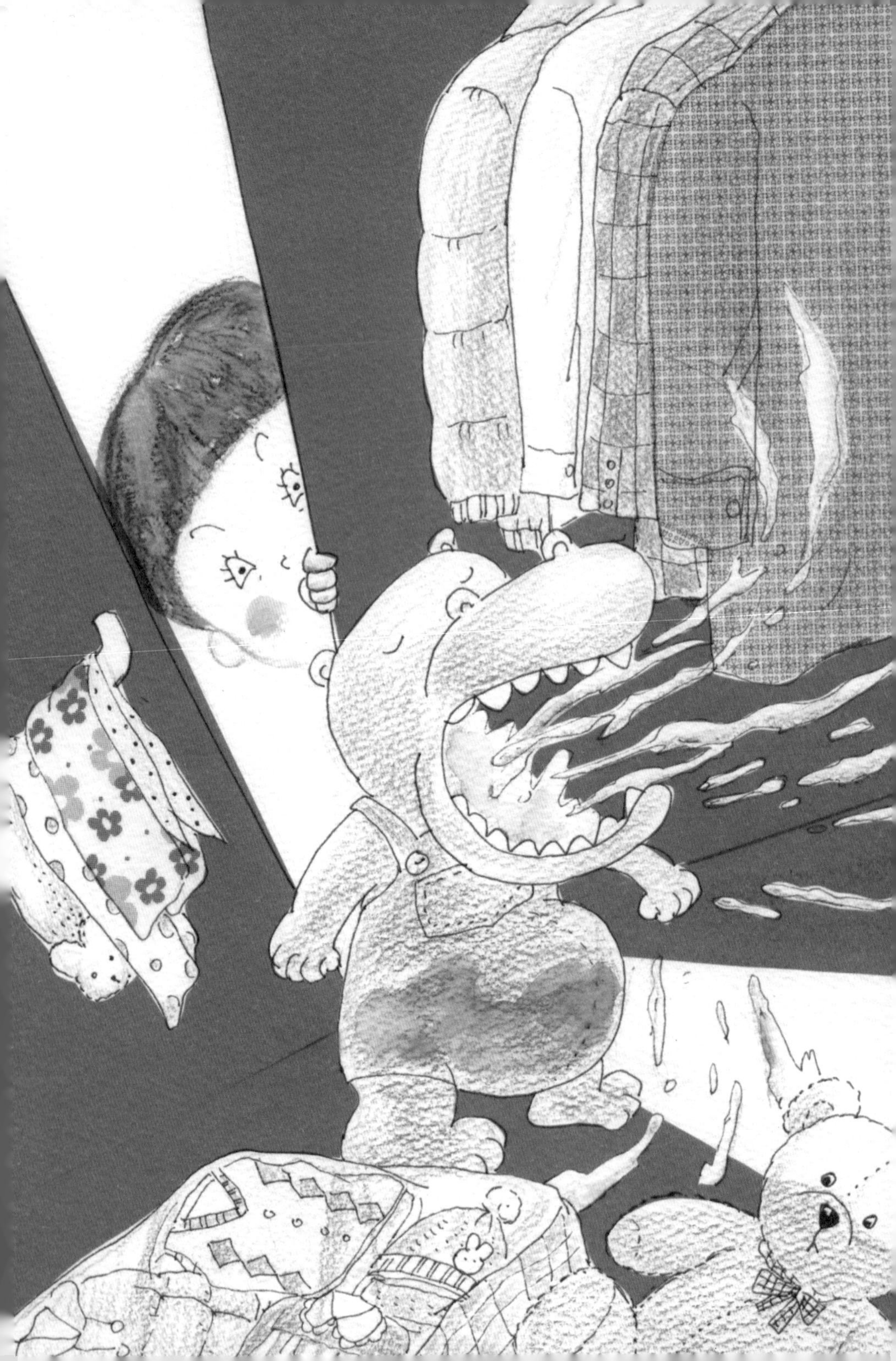

물 먹는 하마

엄마는
하마를
물도 없는 옷장에서
키운다.

하마가
물도 없는 옷장에서
잘 산다.

하마가
옷장에서
살이 찌고 나왔다.
들어보니 무겁다.

물 먹는 하마가 되었다.

옷장 속에
먹을 것도 없는데
잘도 찾아내 먹었다.

엄마가
나 몰래
옷장에
먹을 거 많이도 숨겼다.

날개를 단 버스

버스를 타고 가면

나무들이
움직인다.

산이
움직인다.

집들이
움직인다.

나는
가만히 있는데

내 마음
움직인다.
날개를 달고 달려간다.

제6부

눈치 없는 방귀

표정 만들기

햇살이 따스한 봄
밖으로 나온 아이들

카메라 앞에서

배트맨이 되어 보는 아이
신이 나서 손을 높이 드는 아이
친구들 소리에 얼굴을 돌리는 아이
친구 머리 크다고 머리를 쭉 빼는 아이
얼굴 가린다고 화가 난 아이
땅바닥에 그림 그리는 아이
자꾸만 아래로 고개를 숙이는 아이
손가락을 빨고 있는 아이
선생님도
손가락 브이 자를 들었다.
찰칵!

키만 크지
아직
어린 아이

코딱지

공부하기 싫은 녀석
계속 코를 후비고 있다.

그만,
그만,
그만,

아무래도 오늘 공부는 재미없나 보다.

손 총

손 총을 만들어
내 짝꿍에게
빵
으윽
쓰러진다.
엄지는 하늘에 세우고
검지는 겨누고
나머지 세 개 손가락은
힘을 주고 내 손바닥을 찌른다.

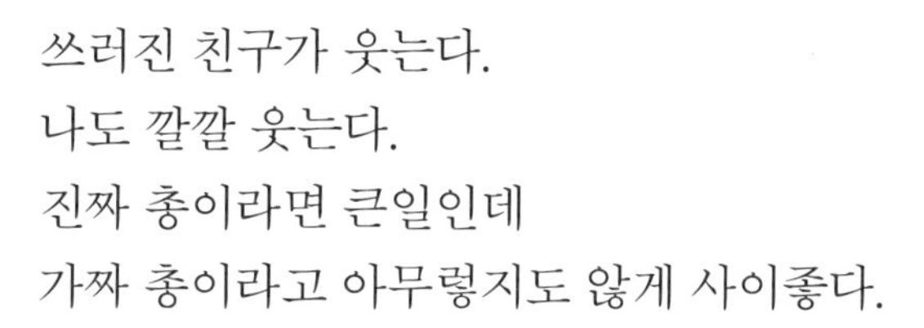

쓰러진 친구가 웃는다.
나도 깔깔 웃는다.
진짜 총이라면 큰일인데
가짜 총이라고 아무렇지도 않게 사이좋다.

남을 손가락질할 때
검지는 상대에게
엄지는 하늘에
나머지 세 손가락은 나에게
빵
빵
빵.

우리 반 여자아이들

우리 반 여자아이들
운동도 잘하고
말도 잘하고
주먹도 세다
키도 크다
뭐라고 하기만 하면
쿵!
내 앞에 주먹을 내놓는다.

여자아이들은
내가 모르는 뭘 먹는 걸까?
어디에서 남 몰래 배우는 걸까?
엄마가 아빠를 이기는 걸 보면
엄마에게서 배우나 보다.
우리 집에서라도
엄마가 아빠에게 져 주면 좋겠다!

은색 이빨

수업 시작
땡땡땡
"선생님,"
어제 치과에 다녀왔다
으스대는 내 짝꿍
의자에서 벌떡 일어나

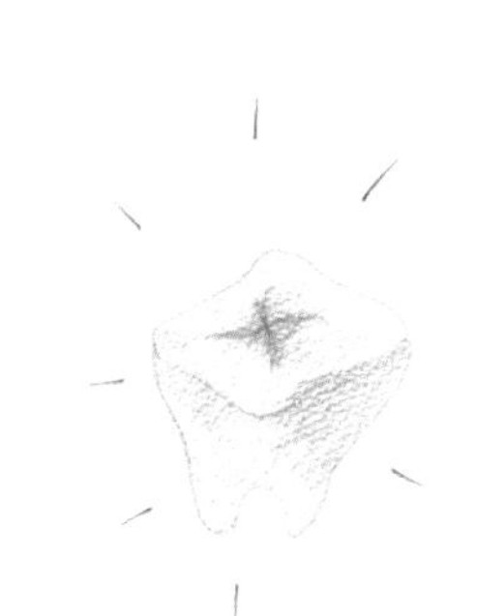

"어제 이빨 바꿨어요."

"무슨?"
"썩은 이빨 주고 은색 이빨로 바꿨어요."

입 크게 벌려
어금니 하나 보여준다.

아이들
우르르
부러워한다.

비 오는 날의 운동회

아침에 화창하더니
운동회 시작을 알리는
음악이 나오자마자
비가 온다.

순식간에
빗방울들이 뭉치고 뭉쳐
철퍼덕 철퍼덕
소똥처럼 운동장에 떨어지는
커다란 비가
이곳저곳 웅덩이를 만든다.

아침부터 온 것처럼
물이 불어나나 싶더니
자르르륵 탕!
아이코 !
엉덩방아를 찧고
웅덩이로 미끄러지듯 들어갔다.

으하하하
여기저기 웃음소리
천둥소리보다 크다.

눈치 없는 방귀

배가 아파 낑낑
방귀 나올까 끙끙
소리 들릴까 조마조마

배만 움켜쥐고
소리 죽여 방귀 뀔 작정인데
눈치 없이 방귀는
더 큰 소리 내며
뿌웅!

어떡하지?

받아쓰기

일학년 이 학기
첫 시간
받아쓰기

"일번"
첫 번째 문제부터 모르겠는지
머리를 숙이고 있는 법재

"이번"
두 번째 문제로 넘어가자

모르면 넘어가라고 해도
절대 안 된다 한다.

다른 아이들이
나중에 쓰라고 해도
안 된다고 빠기는 법재 때문에
오늘 받아쓰기는
두 문제

번데기 체험

선생님 따라
오일장으로 체험학습 간 날
종이컵에 담긴 번데기
주름이 자글자글
오줌 냄새가
모락모락 올라와도
눈 감고
하나 들고 씹었지.
픽,
세상에,
이런 맛은 처음이야.
벌레 씹은 맛이
어떤지 아니?
입안에 보송보송 애벌레 기어간다.
으악!

어른들은 벌레 먹으면서
싱글벙글

제7부

도세기와 한판

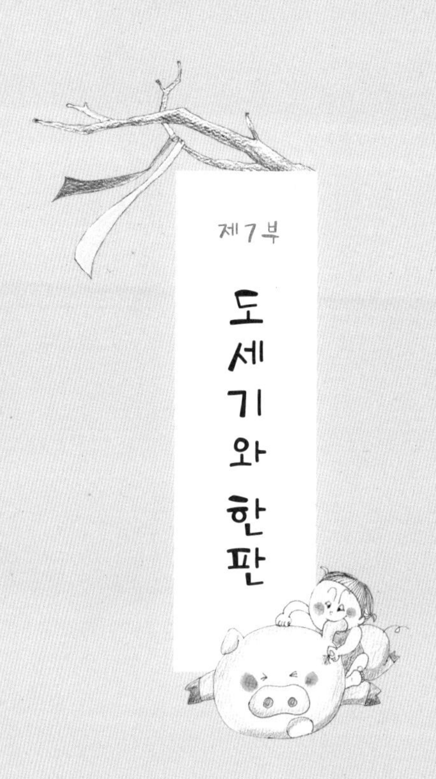

평화마을

"할머니,
평화마을에 흰 두루미가 찾아왔어요."

사월이면
눈물 흘리는 제주할머니 때문에
자꾸 비가 내려요.
하늘나라 할아버지도
할머니가 보고 싶어 우시나 봐요.

전에 할아버지를 위해
할머니가 지어 보내신
하얀 도포를 받아 입으시고
조록 연못에 오셨어요.

연못이 흔들릴까 봐 소리도 없이
살짝 내려앉았는데
키가 크고 건강했어요.
공중을 돌며
우는 듯 웃는 듯
까르륵 까르륵
돌아왔다고 말하려나 봐요.

"할머니,
할아버지가 틀림없어요."

* **조록 연못** _ 한경면 평화마을에 있는 연못

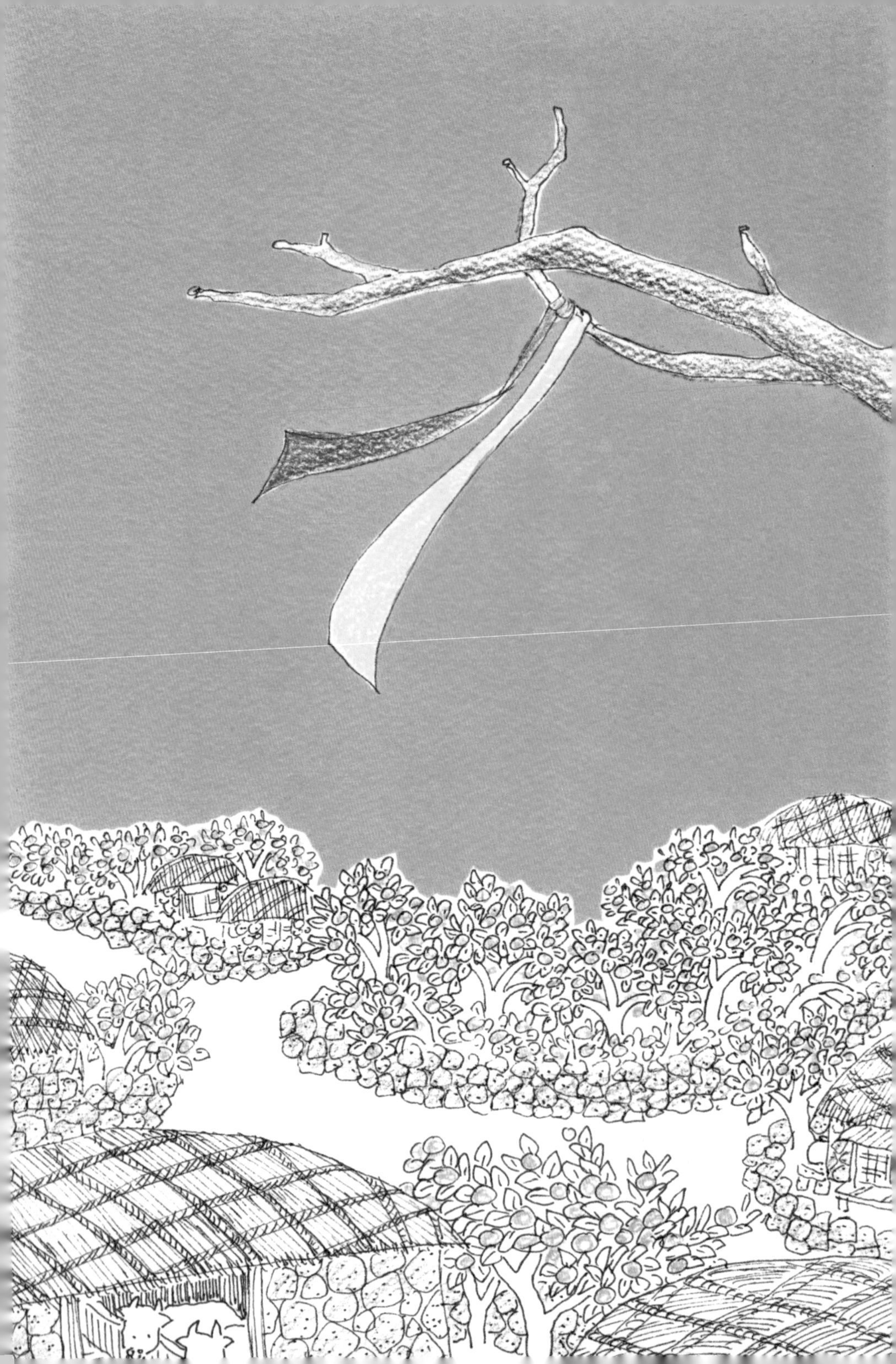

제주 올레

강아지풀
간지러운 인사 받으며
걷는 올레

섬 한 바퀴
쉬엄쉬엄 걷는 길

들꽃과
눈을 마주하고 앉아
잠깐 이름을 기억하려
애쓰는 길

흙길에 묻어 있는
작은 웃음이 가득한 길

올레에는
이름이 생기고

설레는 가슴마다
리본을 달고 있다.

도세기와 한판

우리 집 도세기
먹을 것 주어도
언제나 부족하다고 꿀꿀

해가 긴 날
배고파
통시 담 헐고 나와
킁킁거리며 마당을
어슬렁어슬렁

하필,
토요일
대문에서 딱 걸린 도세기
저번처럼 대빗자루 들고
도세기와 한판을 한다.

도세기를 통시로 몰아놓고
나도 씩씩
돼지도 씩씩

해질녘 돌아오신 어머니

억울하다고 소리 지르는
도세기 머리 것주걱으로
한 대 때리고 나서
것도고리 휘이 저어
건더기 조금 더 준다.

난
손 베게 하고 누워
고소하다 웃으며
솔깃 꾀잠 든다.

✽ **통시** _ 옛날 제주의 재래식 변소
✽ **것주걱** _ 먹이 떠주는 그릇
✽ **것도고리** _ 돼지 먹이통

올레

꼬불꼬불 돌담 사이로 난 작은 길

바람도 돌고 돌아오느라 힘들다고
바람 한 솔 휘잉 비비고 간다.

오라고 손짓하고 싶어도
돌고 돌아 나와 큰 소리로 불러야 한다.

해님도 기웃기웃 집 찾기 힘들다고
햇살 한 줌 뿌려주고 간다.

잘 가라고 하고 싶어도
돌고 돌아 나와 얼굴을 보아야만 한다.

제주 바람

제주바람은
왜 저리도 잘 우는지
가는 곳마다
졸졸 따라다닌다.

방으로 들어오면
문 열어 달라
문고리 잡고 흔들어대고

바람은
아무도 못 말리는
울보대장 내 동생처럼

휘이잉
말울음 소리 내며 보챈다.

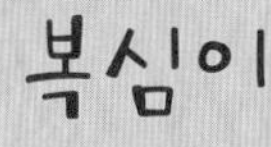

복심이

할머니네 집 어미개 복심이

추운 날에도 마당에서 자는 복심이
새끼를 가졌다.

저번에도 새끼를 낳았는데
모두 팔려나갔다.

이번에도 복심이는 새끼개와 같이 살지 못하는 것일까?

어른들은 복심이에게 물어보지도 않고
새끼개를 떼어 놓는다.

제주의 밭 돌담

청보리밭에
구
불
구
불
구렁이 한 쌍인가
마주하고 선 밭 돌담
쉬
익
쉬
익거린다.
바람소리에 보리물결 흔들린다.
흔
들
흔
들

유채꽃밭을
지나 와서
유채향기에 취해
돌담길
흔들거리는 것도
모른다.

돌담 안에 청보리
익어 간다.

할머니의 바다

제주 바다에는
좀녀들이 살지요.

봄 여름 가을 겨울
일 년 내내
검정 고무옷을 입고
바다로 가지요.

할머니는 좀녀예요.
바다에서 나올 때면
망사리 가득 바다를 담고
휴우
숨비소리를 내며
바다를 쏟아내지요.

밥상에
할머니가 따 올린
소라 전복 성게
소복소복 담겨있지요.

작품해설

맑고 여린 동심으로 그려낸 따스한 사랑의 노래

제주아동문학협회 고문 김 영 기

우리 몸은 맛있는 음식을 먹어서 튼튼히 자랄 수 있어요. 그러나 요즘처럼 학교와 학원 공부에 무거운 짐을 지고 힘겨워 하는 어린이, 인터넷이나 게임에 매달려 심성이 메말라 가는 어린이들의 정신(마음)은 음식으로 해결할 수 없어요.

우리 몸의 양식이 밥이라면 우리 정신의 양식은 책이라 할 수 있어요. 책은 독서를 말하는 것이지요. 그 독서 중에서도 시를 읽는 것이야말로 바로 정신(마음)의 갈증을 축여주는 영양소를 먹는 것이라고 해요.

그래서 '시는 영혼의 갈증을 달래주는 물이다.'라는 말이 있나 봐요. 이처럼 좋은 시 읽기 공부를 왜 몰랐던 것일까요. 그럼 이제부터라도 김정희 선생님이 쓴 《오줌폭탄》이라는 동시집 속으로 들어가 동시의 맛을 보도록 해요.

시를 읽어서 느끼고 감동할 때 시인과 독자는 한 마음이 되었다고 볼 수 있죠. 한 마음이 되게 하는 동시를 평하여 좋은 동시라 한답니다.

김 시인은 좋은 동시집을 만들기 위하여 제목을 정하는 데도 '제비들의 운동회'와 '오줌폭탄'을 놓고 투표를 한 결과 어린이들이 당당히 '오줌폭탄'을 선호하여 그리 정했다 해요. 동시는 어린이 독자에게 재미를 주어야 한다는 걸 입증하고 있는 거지요.

동시집《오줌폭탄》에는 81편의 동시를 싣고 있어요.

나는 **김정희 시인이 동시를 통하여 하고자 하는 말을**
1. 자연에서 본 경이로움
2. 화목한 가정생활을 위하여
3. 즐거운 학교생활을 위하여
4. 아름다운 제주도 사랑으로
작품을 갈래지어 묶고 여러분의 이해를 돕기로 했어요.
자, 그러면《오줌폭탄》이 어떤 폭탄인지 동시집 속으로 들어가볼까요?

1. 자연에서 본 경이로움

하나, 어디서나 자연의 질서

동시집 표제이기도 한 '오줌폭탄'이라니 참 재미있네요.

김정희 동시의 좋은 점은 재미있다는 것이죠. 시인은 우리가 미처 생각지 못한 것을 발견하여 '아, 그렇구나!' 하는 감탄과 감동을 주고 있어요. 웃는 가운데 은연중에 교훈을 주고 있어요. 이런 것이 좋은 동시의 요건이 된답니다. 여러분도 어디서든 '실례 경험'이 있을 거예요. 그때 오줌폭탄을 맞은 새싹이나 꽃잎을 생각해 본 일이 있나요? 있다면 여러분도 이미 시인인 거예요. 그럼, '오줌폭탄' 동시를 감상해 보도록 해요.

거미가 오줌을 누었대.//근데/큰일 났어.//지나가던 지네가/그 오줌폭탄에/혼쭐이 났대.//거미는/그날 이후로/거미줄을 치고/밖으로 나오지 않는대.//그럴 수가 있니.//아무 곳에서나/생각 없는 일 하면/안 돼. — 〈오줌폭탄〉 전문

둘, 제비 이야기

김 시인은 제비 사랑에 남다른 동심적 발상을 보여주고 있어요. 옛날에는 흥부네 집처럼 처마에 흙집을 짓고 새끼를 치는 제비를 흔히 볼 수 있었지만 도시화가 된 요즘은 보기가 힘들게 되었어요. 한적한 시골에서 볼 수 있는 제비는 요즘도 운동장에서 운동회를 하나 봐요. 날아다니는 제비를 볼 수 있다는 것은 그만큼 자연환경이 덜 오염되었다는 뜻이겠지요.

그래서 제비는 귀한 친구라 할 수 있죠.

아이들이 집으로 돌아간/학교 운동장에/제비들 운동회가 한창//왕복 달리기도/쓔우웅/바람 가르며 달리기/휭휭/누가 일등 할까//이어 달리기 시작/뒤따라 다른 제비/날쌔게 날아오른다./누가 일등 할까?//엄마 찾기 게임 시작/여기저기/엄마제비 부르는 소리//어슬어슬 저물 때까지/학교 운동장은/시끌시끌

— 〈제비들 운동회〉 전문

셋, 꽃 이야기

예쁜 꽃이 만발한 꽃밭에는 벌, 나비들이 모여들지요. 시인은 그 꽃밭을 벌들의 학교로 본 것이에요. 꽃 속에서 공부하는 벌들은 얼마나 행복할까요. 상상만 해도 재미있네요. 좋은 동시는 쉽게 읽히면서 재미를 주는 것이어야 해요.

벌이/붕붕/꽃 학교로 와서/이리 붕붕 저리 붕붕//봄이 온 지/한참이나 지났는데/아직도/반을 못 찾았나 봐./이리 기웃 저리 기웃//선생님 헛기침 소리에/붕붕붕/딴청부리다/철쭉꽃밭에/스리슬쩍/앉았다. — 〈꽃 학교〉 전문

봄을 알리는 봄꽃이 피어나요. 개나리 철쭉 진달래 목련 등등. 여기서 목련은 숨바꼭질을 하나 봐요. 아니 하얀 팝콘을 터뜨리지요.
이러한 상상이 동시를 읽는 즐거움과 재미를 주지요.

숨을 곳을 찾다가/정신없이 나무로 올라가/"나 잡아봐라"/빠꼼!/고개 내미는 팝콘//해마다 봄이 오면/장난기가 피어나요./가지마다 봄을 터뜨려요. — 〈목련〉 전문

2. 화목한 가정생활을 위하여

하나, 인사는 예절의 근본

어린이 여러분은 인사를 잘하나요? 모든 예절은 인사에서 비롯된다는 말이 있어요. 전화기에 대고 꾸벅꾸벅 절을 하는 엄마는 바른 생활의 본을 보여주는 것 같아요. 그리고 '고맙다' 감사의 표시도 우리가 꼭 실천해야 할 덕목이지요.

엄마는 전화에 대고/인사를 해요.//"왜, 전화에 인사를 해요?"//고마운 사람에게/만나지 못 해도/볼 수 없어도/고맙다는 말은/지금 해야지.//"네, 고맙습니다."//엄마도, 참.

— 〈인사〉 전문

둘, 가족 간의 갈등도 알고 보면 사랑

독차지했던 엄마의 사랑이 동생 때문에 잃어버렸다는 상실감, 누구나 한 번쯤은 느껴본 감정이지요. 거기에 동생을 업어줄 만큼 자라기도 전에 동생 둘을 보았으니…. 요즘은 다산을 장려하는 때이니 동생 사랑이 행복으로 가득하기를 바라며 축하를 드려야겠군요.

엄마가 동생을 낳고부터/난 2등이 되었다./밥 먹을 때도 동생 먼저/나는 그 다음//그러다/난, 3등이 되었다./엄마가 다시 동생을 낳았다.//아기를 안아주고/그다음 동생을 업고/난, 걸어 다녔다.//엄마는/내가 힘들어하는지 모르시나 보다./그러니까 내가 동생을 업어줄 만큼/크기도 전에 동생 둘을 낳으셨지.

— 〈난, 3등〉 전문

셋, 무공수훈자 할아버지에 대한 관심

6·25 한국전쟁으로 많은 피해를 보았다는 것을 잘 알고 있겠지요? 젊은 이들이 나라를 지키기 위하여 산화하였거나 부상병이 되었어요. 그때 공을 세운 국군장병들을 무공수훈자라고 해요. 여기 동시 속의 주인공 할아버지도 무공수훈인가 봐요. 나는 지금까지 많은 동시집을 읽어봤지만 '무공수훈자'에 대한 작품은 처음이에요. 그래서 감동적이었어요.

할아버지/발가락 없는 신발/언제나 찌그러져 있어요.//내 눈에 안 보이는 발가락/하나둘 세어보며/너털웃음 웃는 할아버지//나라 위해 싸우시다/잃은 발가락/가렵다고 긁는 할아버지//할아버지 발에서/꼼질꼼질/새싹처럼 발가락이/돋아나려나 봐요.//훈장보다 더 좋을/할아버지 발가락/쑥쑥/자랐으면 좋겠어요.

— 〈할아버지의 발가락〉 전문

3. 즐거운 학교생활을 위하여

하나, 집단 따돌림 문제

'학교폭력으로 우리 아이들이 위험하다'는 기삿거리들이 마음을 아프게 하는 요즘이에요. 과거의 따돌림은 그저 장난의 수준에서 일어났다면 지금의 따돌림은 정도를 뛰어넘어 우리 청소년들이 자살 등 생명까지 위협하고 있어요. 이러한 내용을 접할 때마다 학교폭력에 대한 시원한 해결책이 무엇인가를 고민하지 않을 수 없지요.

장난으로 던지는 돌멩이가 연못 안의 개구리에게는 목숨이 달린 문제라는 우화처럼 무심코 하는 장난이 당하는 친구에게는 그냥 장난이 아니라는 걸 알아야 해요. 그래야 다 같이 즐거운 학교생활을 할 수 있겠지요.

지금 운동장에는 까치와 강아지가 놀고 있군요. 그걸 보면서 우리는 무엇을 해야 할지 비유적인 느낌을 주고 있는데 이것이 동시의 힘이라고 할 수 있겠죠.

아이들이 수업 들어가 버린/텅 빈 시골 학교 운동장/강아지가 종종/까치를 뒤쫓고 있네.//귀찮아진 까치/톡톡 걷다가/정글짐 속으로 들어갔다가/안 되겠다 싶어/훌쩍 날았다가/훌쩍 땅에 앉았다가/강아지를 놀린다네.//날개 없는 강아지/쑥스러워 땅만 보며/잘망잘망 개구멍으로 나갈 때//한 시간 마치고 나오는/아이들 소리/운동장 가득 쏟아지네. — 〈까치와 강아지〉 전문

둘, 다문화 가정 친구들

'단일민족' 의식이 약화되고는 있지만, 아직도 우리 사회는 피부색이 다른 외국인에 대한 편견은 여전하다 해요. 다문화 가족 자녀들이 학교에서 피부색이 다르다고 따돌림당하고 과거 일제시대라는 역사 때문에, 엄마가 일본인이라는 이유로 놀림을 당하는 등 학교생활 적응에 어려움을 겪고 있다고 해요. 이제는 다문화 가족이 우리 사회의 일원이 되고 있다는 것이 거스를 수 없는 대세에서 다문화 가족의 건전한 사회 적응은 우리 사회의 당면한 과제이지요. 이제는 '단일민족'에서 한 단계 더 나아가 다문화사회로의 변화 추세를 인정하고 다양한 민족문화를 이해하며 함께 어울려 살아가야 할 때예요. 단일민족의 단일국가로서의 대한민국이 아니라 지구 속 하나의 인류라는 마음으로 다문화 가족을 받아들여야 한다는 것이죠.

우리 집 장독대를 지키던 맨드라미나 봉숭아도 다른 나라에서 들어와 토종 꽃이 되었다 해요. 해바라기도 그렇지요. 제주 공항으로 가는 길에 핀 해바라기를 보면서 시인은 다문화 가족을 생각했을 거예요. 꽃밭에도 여러가지 꽃이 어울려 피어야 모자이크를 이루듯 아름다운 게 아니겠어요?

공항 가는 길/해바라기 피었습니다./누굴 마중 나왔는지/누굴 배웅 나왔는지/노란 꽃잎 흔들며 손짓합니다./이리 기웃 저리 기웃/목을 길게 늘이고/하늘을 올려 봅니다.//만국기 동산에/해바라기 피었습니다./무슨 회의가 길어지는지/서로 머리 맞대고/펄럭펄럭 의논이 한창입니다./웅성웅성/서로 눈치 보느라 바쁩니다.//사거리 신호등 앞에/고흐의 해바라기/오랜만에 밖으로 나온 듯 웃고 있습니다./언뜻 시원한 바람 불더니/신호등 켜졌습니다./여름이 질세라 달려 나옵니다.

— 〈해바라기〉 전문

4. 아름다운 제주도 사랑

하나, 관광 제주, 올레 길

제주도는 아담한 정원과 같이 한곳에서 산과 바다 그리고 폭포와 동굴 등을 관광할 수 있는 곳이에요. 해마다 새해맞이를 하는 성산일출봉을 비롯하여 360여 개의 올망졸망한 오름과 그 아래로 이어지는 '흑룡만리'라 일컫는 돌담, 요즈음 새로 개발한 올레 길, 맑은 생수와 청정한 공기를 제공하는 곶자왈 등은 제주의 참모습이며 자랑거리지요. 올레 길 구간을 걷다 보면 제주의 한이 서린 평화의 마을도 들를 수 있답니다.

이렇게 아름답고 소중한 제주도를 혼자만 보고 느끼며 살기에는 너무 아깝다는 생각이 들어 여러분을 이 자리에 초대하려 하는 거예요.

강아지풀/간지러운 인사 받으며/걷는 올레//섬 한 바퀴/쉬엄쉬엄 걷는 길//들꽃과/눈을 마주하고 앉아/잠깐 이름을 기억하려/애쓰는 길//흙길에 묻어 있는/작은 웃음이 가득한 길//올레에는/이름이 생기고//설레는 가슴마다/리본을 달고 있다.

— 〈제주 올레〉 전문

"할머니./평화마을에 흰 두루미가 찾아왔어요."//사월이면/눈물 흘리는 제주 할머니 때문에/자꾸 비가 내려요./하늘나라 할아버지도/할머니가 보고 싶어 우시나 봐요.//전에 할아버지를 위해/할머니가 지어 보내신/하얀 도포를 받아 입으시고/조록 연못에 오셨어요.//연못이 흔들릴까 봐 소리도 없이/살짝 내려앉았는데/키가 크고 건강했어요./공중을 돌며/우는 듯 웃는 듯/까르륵 까르륵/돌아왔다고 말하려나 봐요.//"할머니,/할아버지가 틀림없어요."

— 〈평화마을〉 전문

둘, 제주어 사랑

아름다운 자연을 품고 있는 제주도에는 경관 못지않게 재미있는 제주어가 있어요.

그런데 2010년 12월 유네스코에서는 제주어를 인도의 코로어 등과 함께 소멸 위기 언어로 지정하였다 해요. 유네스코는 '사라지는 언어' 가운데 제주어를 제4단계인 아주 심각하게 위기에 처한 언어로 분류했다는 거예요.

유네스코가 '제주어'를 소멸 위기의 언어로 등록한 것은 '제주어'의 가치를 인정하는 한편 '제주어'를 문화유산으로 인정했다는 데 의미가 있는 것이지요. 일찍이 뉴질랜드 원주민 마오리족의 언어를 비롯해 미국 인디언 나바호족의 언어 등은 소멸의 위기에 놓였었는데 학교를 중심으로 한 '언어 교육'으로 회생됐다 해요. 우리는 이러한 사례를 교훈 삼아서 제주어의 가치를 재조명하고, 보존하고 발전시켜나가는 데 앞장서야겠어요. 소개하는 다음 시편은 시인의 제주어 사랑을 엿볼 수 있는 좋은 작품으로 다 같이 감상해 보도록 해요.

우리 집 도세기/먹을 것 주어도/언제나 부족하다고 꿀꿀//해가 긴 날/배고파/통시 담 헐고 나와/궉궉거리며 마당을/어슬렁어슬렁//하필,/토요일/대문에서 딱 걸린 도세기/저번처럼 대빗자루 들고/도세기와 한판을 한다.//도세기를 통시로 몰아놓고/나도 씩씩/돼지도 씩씩//해질녘 돌아오신 어머니//억울하다고 소리 지르는/도세기 머리 것주걱으로/한 대 때리고 나서/것도고리 휘이 저어/건더기 조금 더 준다.//난/손 베게 하고 누워/고소하다 웃으며/슬깃 꾀잠 든다.

— 〈도세기와 한판〉 전문

위와 같이 김정희 시인의 동시집 《오줌폭탄》 81편의 동시를 자연에서 본 경이로움, 화목한 가정생활, 즐거운 학교생활, 아름다운 제주도 사랑 등으로 작품을 갈래지어 묶고 감상해 보았어요.
어린이 여러분은 김 시인이 동시를 통하여 하고자 하는 말이 무엇인지를 이해했으리라고 믿어요. 우리가 미처 몰랐던 제주의 아름다운 자연환경은 물론 제주어가 보물이라는 것도 깨달았겠지요? 하나의 사물도 보는 각도에 따라서 여러 가지 의미로 쓰인다는 것을 공부했으니 여러분이 동시를 쓰는 데도 큰 도움이 되리라 생각해요.
김 시인은 오늘도 아름다운 동시를 쓰는 일 외에 '제주어로 하는 시낭송' 지도에도 힘쓰고 있답니다. 그처럼 자그만 실천 하나가 제 고장을 사랑하는 길이 된답니다.
이제 우리는 '오줌폭탄'이라는 재미있는 표현을 통하여 웃으면서 질서와 예절의 중요함을 은연중에 깨닫게 되었어요. 그리고 '제비들의 운동회'에서처럼 나날이 즐거운 날이 되도록 염원하는 게 김 시인의 마음이라는 것도 알게 되었어요. 이처럼 동시 한 편 한 편을 깊이 음미하고 새기노라면 동시의 참맛을 느낄 수 있답니다.

그런 뜻에서 맑고 여린 동심으로 그려낸 따스한 사랑의 노래를 우리에게 선물하여 준 김정희 시인을 고마워해야겠지요?

김정희

제주도 제주시 조천읍 함덕리 출생.

2008년 《아동문예》 동시 문학상 수상. 2012년 《오줌폭탄》 동시집 출판. 2014년 《시인정신》 시 문학상 수상. 2016년 《물고기 비늘을 세다》 시집 출판. 2016년 창작시낭송 CD 《물고기 비늘을 세다》 제작.

2017년 《할망네 우영팟듸 자파리》 제주어 동시집 출간. (2017 하반기 세종도서 문학나눔 선정 도서)

2018년 《청청 거러지라 둠비둠비 거러지라》 제주어 동시 그림책 출간.

문학놀이아트센터 대표. 시낭송가, 동화연구가. 제주문인협회, 제주아동문학협회, 한국동시문학회 회원.

한라산문학 동인. 사)제주어보전회 회원.

동시전문서점 '오줌폭탄' 운영.

hopekjh1022@naver.com

오줌폭탄

2012년 11월 28일 초판 1쇄 발행

2019년 5월 15일 복간판 1쇄 발행

글쓴이 김정희

그린이 백금아

디자인 부건영, 나무늘보

펴낸이 김영훈

펴낸곳 한그루

출판등록 제6510000251002008000003호

제주특별자치도 제주시 복지로1길 21

전화 064-723-7580 전송 064-753-7580

전자우편 onetreebook@daum.net 누리방 onetreebook.com

ISBN 978-89-94474-81-6 73810

값 12,000원

품명: 도서 **제조자명**: 한그루 **제조국명**: 대한민국

전화번호: 064)723-7580 **사용연령**: 8세 이상

주소: 제주특별자치도 제주시 복지로1길 21

＊ KC마크는 이 제품이 공통안전기준에 적합하였음을 의미합니다.

＊ 주의! 책의 모서리가 날카로워 다칠 수 있으니 던지거나 떨어뜨려 다치지 않도록 주의하세요.